Emse

streift durch

BERLIN

Mehr über Emse erfahrt ihr unter
www.emse-berlin.de

Von Emse gibt es auch:

 **Emse reist nach Paris**

Fotonachweis: Christian Rothmann,
Sophie-Charlotte Schaffron, Stefan M. Laebe
Layout: Naroska (www.naroska.de)
Druck: AZ Druck und Datentechnik GmbH, Berlin
ISBN 978-3-9816232-1-5

Emse
streift durch
BERLIN

Von Ilona Murati und Margarete Schaffron

EMSE VERLAG BERLIN

Wovon ich euch erzählen will

Immer wenn ich einen besonderen **Tipp** für euch habe, seht ihr mich ganz klein am Seitenrand.
Begriffe, die fett gedruckt sind, könnt ihr unter Wissenswertes (ab Seite 86) nachschlagen.
Eure Emse

Hallo und willkommen in Berlin!

Hallo, ich bin Emse. Falls ihr mich noch nicht kennt: Ich bin eine Ameise und wohne in Berlin. In einem Ameisenhaufen. Der ist aber nicht im Wald, sondern in einer versteckten Ecke eines großen neuen Parks. Es gibt dort Spielplätze, Basketballkörbe, riesige Wiesen und eine Fläche, auf der man prima Skateboard fahren üben kann. Früher war unser Ameisenhaufen in einem verwilderten Innenhof eines großen Mietshauses in Berlin-Mitte. Doch als das Haus renoviert und der Innenhof gepflastert wurde, zog der ganze Ameisenhaufen in diesen neuen Park um. Erstbezug sozusagen, todschick. Meine Adresse ist: Park am Gleisdreieck.

Oft beobachtete ich ein paar Kinder, die regelmäßig mit ihren Skateboards in den Park kamen. „Hey du Blödmann“ sagten sie zur Begrüßung. Das muss dann wohl in der Sprache der Menschen „Guten Tag“ heißen, dachte ich mir und merkte mir diesen Ausdruck. Wer weiß, wofür ich ihn mal brauchen würde. Außerdem riefen sie ständig „Mist“. Ich war mir nicht ganz sicher, ob das „bitte“ oder „danke“ heißen sollte. „Bitte“ und „danke“ sind die Worte, die wir Ameisenkinder am meisten sagen müssen, weil wir in unserem Ameisenhaufen sehr höflich sind. Wir Ameisenkinder lernen als erstes, noch vor „Mama“ und „Papa“, die

Worte „bitte" und „danke" zu sagen – warum sollte das bei den Menschen anders sein?

Eines schönen Nachmittags sonnte ich mich wieder einmal auf einer Bank am Rand der Skateboard-Fläche und schaute den Kindern zu. Plötzlich rauschte ein Junge auf seinem Skateboard heran und ließ sich direkt neben mir auf die Bank fallen. Erstes Ameisengebot: VORSICHT vor den Menschen, vor allem vor den Kindern, denn die machen sich oft einen Spaß daraus, uns Ameisen zu ärgern. Ich behielt den Jungen deshalb ganz genau im Auge. Dann sah er mich. Schon kam sein Finger auf mich zu – bestimmt wollte er mich wegschnipsen! An Flucht war nicht mehr zu denken. So laut ich konnte rief ich „Hey du Blödmann". Der Finger stoppte und zwei große braune Augen blickten mich verwundert an. Bloß jetzt noch etwas sagen, dachte ich, holte tief Luft und schrie „Mist" – denn im Zweifel waren „bitte" oder „danke" immer gut. Die Augen blickten mich ziemlich verwirrt an. „Du kannst ja sprechen!", sagte der Junge. Na klar kann ich sprechen, alle Ameisen können sprechen, nur können eben nicht alle die Menschensprache. Ich konnte sie ja auch nicht wirklich, nur ein paar Worte. Der Junge starrte mich immer noch an. Er sagte etwas, das wie „warte hier" klang. Die Finger verschwanden in der Hosentasche und förderten eine kleine Schachtel zutage. Dann sprang der

Junge auf, pflückte vom nächsten Busch ein paar leckere frische Blätter ab, legte sie in die Schachtel und stellte die Schachtel neben mich auf die Bank. So begann meine Freundschaft mit RCL. Seitdem wohne ich meistens in meinem Ameisenhaufen und manchmal in RCLs kleiner Schachtel. Sie ist sozusagen mein Ferienhaus geworden und RCL mein bester Freund. RCL ist natürlich nicht sein richtiger Name. Doch weil seine Eltern nichts von unserer Freundschaft wissen sollen, verwenden wir diesen Decknamen.

Von RCL habe ich die Menschensprache gelernt. Gemeinsam mit ihm habe ich auch schon viel von der Welt gesehen. Den Eiffelturm in Paris zum Beispiel. Aber von Paris erzähle ich euch in einem anderen Buch. Denn jetzt möchte ich euch mein wunderbares, obercooles Berlin zeigen!

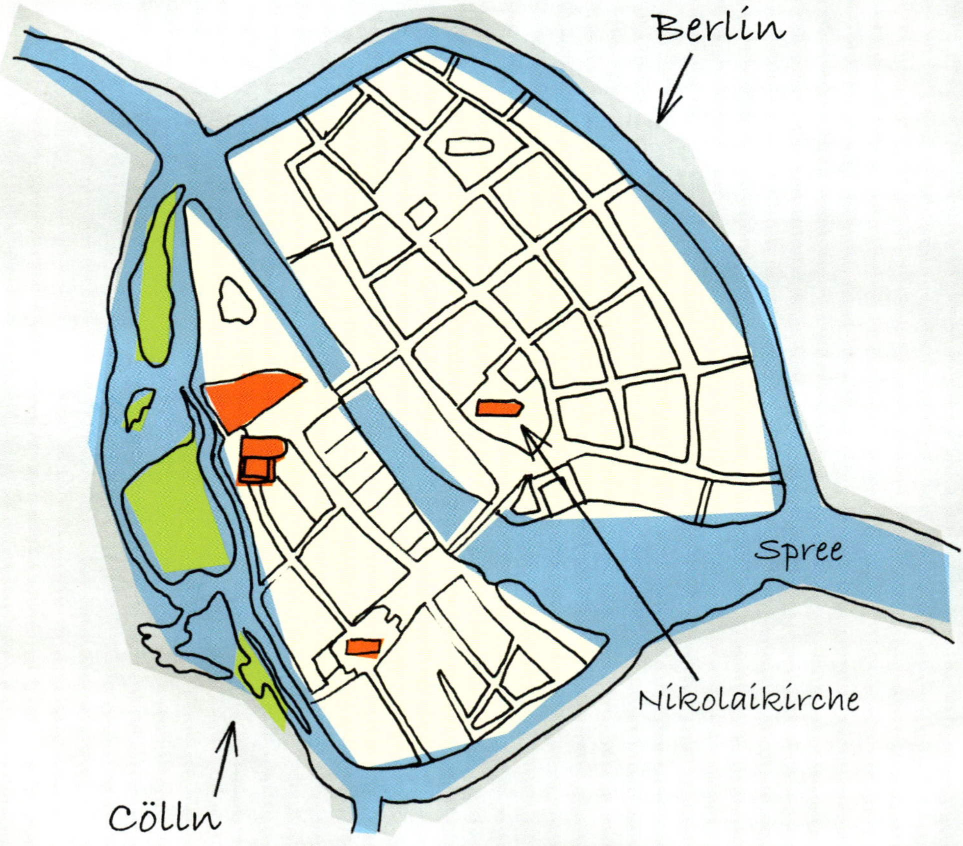

Stadtplan von Berlin und Cölln
im Mittelalter

Wie es mit Berlin anfing

Berlin ist ganz schön groß. Die Fläche von Berlin ist ungefähr zehnmal größer als Paris. Wo fangen wir also an? „Am besten fängst du am Anfang an" überlegte RCL, als wir darüber diskutierten, „das heißt bei der Stadtgründung". Ich spaziere deshalb heute mit RCL in das Nikolaiviertel. Wir setzen uns in das Gasthaus Zum Nußbaum, wo RCL eine **Fassbrause** und eine leckere Bulette bestellt. Ziemlich genau hier, am nördlichen Ufer des Flusses Spree, der durch ganz Berlin fließt, gab es schon im 13. Jahrhundert, also im **Mittelalter** eine Siedlung mit dem Namen Berlin. Gegenüber, am südlichen Ufer der Spree, lag die Siedlung Cölln. Schon bald bauten die Bewohner der Siedlungen eine Brücke über die Spree, damit sie sich keine nassen Füße holten, wenn sie sich besuchen und miteinander Handel treiben wollten. Die Spree war hier zwar nicht sehr tief, doch die Brücke erleichterte den Verkehr schon sehr.

Obwohl es zwei Städte waren, teilten sich Cölln und Berlin sogar ein Rathaus. Das war ganz schön praktisch gedacht, finde ich. In der Nähe von Berlin und Cölln entstanden seit dem Mittelalter weitere selbständige Siedlungen: um 1662 Friedrichswerder, um 1680 Dorotheenstadt und um 1688 Friedrichstadt. Im Jahr

Das Stadtwappen von Berlin

1709 beschloss dann König Friedrich der I. in Preußen, Cölln und Berlin gemeinsam mit den Siedlungen Friedrichswerder, Dorotheenstadt und Friedrichstadt zur Residenzstadt Berlin zu vereinigen. Sie bilden heute den historischen Kern mitten in der Stadt. Denn Berlin ist seitdem ganz schön gewachsen: 1709 lebten in Berlin ungefähr 55.000 Menschen. Heute sind es etwa 3,4 Millionen.

Vom Gasthaus Zum Nußbaum blicke ich auf die Nikolaikirche, die so heißt, weil sie dem heiligen Sankt Nikolaus geweiht ist. Man erzählt, dass er viele Wunder vollbracht hat, zum Beispiel Seeleute aus einem Sturm gerettet. Sein Gedenktag ist natürlich der 6. Dezember, an dem Nikolaus gefeiert wird. Die Nikolaikirche ist die älteste Kirche Berlins. Sie wurde um 1230 erbaut. Um 1650 herum haben der **Pfarrer Paul Gerhardt** und der **Kantor Johann Crüger** in genau dieser Nikolaikirche Lieder gedichtet und komponiert, von denen wir einige noch heute im Gottesdienst oder zu Weihnachten singen! Ob wohl unsere Ur-Ur-Ur-Ur…Enkel in 350 Jahren noch Lieder wie „Gangnam Style“ kennen oder überhaupt irgendein Lied singen, das zu unserer Zeit komponiert wurde?

Spaziert einmal um die Nikolaikirche herum, dabei könnt ihr die kürzeste Straße von ganz Berlin entdecken: die Eiergasse. An ihr liegen gerade mal zwei Häuser. Ratet einmal, warum sie Eiergasse heißt? Klar – weil dort im Mittelalter Eier verkauft wurden.

Mehr über die Berliner Stadtgeschichte könnt ihr im **Märkischen Museum** erfahren. Geht einfach an der Spree entlang, vorbei am Museumshafen, dann seid ihr gleich da. Ein **Tipp** für euch: Solltet ihr zufällig an einem Sonntag um 15.00 Uhr im Märkischen Museum sein, dürft ihr euch die Vorführung der historischen **Musikautomaten** nicht entgehen lassen.

So klingt die Berliner Mundart:

Ick stehe uff na Brücke
Und spucke in'n Kahn,
Da freut sich meene Spucke,
Dat se Kahn fahn kann.

Auf dem Gendarmenmarkt

Heute beginne ich meinen Streifzug auf meinem ganz persönlichen Lieblingsplatz: Dem Gendarmenmarkt. OK, für euch mag der Platz auf den ersten Blick gar nicht so spannend sein, ein Platz eben mit ein paar Gebäuden und kugelig geschnittenen Bäumen (für die Naturfreunde unter euch: das sind übrigens Ahorne), auf dem man höchstens Tauben jagen kann. Dies war auch mein erster Eindruck. Trotzdem: Lehnt euch lässig an den Zaun, der um das **Schiller-Denkmal** in der Mitte des Platzes herumführt, lasst euren Blick zu den beiden ziemlich gleich aussehenden Gebäuden mit den großen Kuppeln schweifen und stellt euch vor, ihr reist 300 Jahre zurück in das Jahr 1714.

Männer mit steifen, dunklen Hüten und Frauen mit langen Schürzenkleidern eilten damals geschäftig über den Platz und boten auf dem Markt ihre Waren an. Das waren Hugenotten, die sich in der Gegend des Gendarmenmarktes angesiedelt hatten. Die Hugenotten waren eigentlich Franzosen. Sie mussten aus Frankreich fliehen, weil sie keine Katholiken waren, sondern Protestanten und deshalb in Frankreich verfolgt wurden. Friedrich Wilhelm, der Große Kurfürst, hatte den Hugenotten erlaubt, sich in Berlin anzusiedeln. Erstaunt euch das auch so wie mich? Sie brauchten tatsächlich

Das Schiller-Denkmal
vor dem Konzerthaus

eine Genehmigung, um sich in Berlin niederzulassen. Was wir heute in Europa Freizügigkeit nennen und die bedeutet, dass ihr mit euren Eltern entscheiden könntet, morgen zum Beispiel einfach nach Rom oder Wien zu ziehen, gab es damals noch nicht.

Denkt ihr jetzt, das war total nett von Friedrich Wilhelm, die Hugenotten nach Berlin zu holen? Gewiss, das war es. Aber vielleicht hatte er auch nicht vergessen, dass die Hugenotten prima Handwerker und Kaufleute waren und viele Dinge nach Berlin bringen würden, die es hier noch nicht gab. Dazu zählten – und jetzt könnt ihr bei eurer Mama echt punkten – Seidenstrümpfe!

Seit 1705 gab es auf der Nordseite des Gendarmenmarktes eine Kirche für die aus Frankreich nach Berlin eingewanderten Hugenotten, die Französische Friedrichstadtkirche.

So waren die Hugenotten gekleidet

Zeitgleich mit der Kirche für die Hugenotten wurde auf der Südseite des Gendarmenmarktes eine Kirche für die deutsch-reformierte Gemeinde errichtet. Naja, ich persönlich finde, die hätten auch alle in die gleiche Kirche gehen können, weil sie ja alle Protestanten waren. Aber so bekam der Platz eben zwei schöne Kirchen, und beide Gemeinden konnten in Ruhe ihrem Glauben nachgehen.

König Friedrich der II. fand die Kirchen allerdings noch nicht schön genug. Deshalb ließ er im Jahr 1785 die beiden identischen Kuppelbauten an die bestehenden Kirchen anbauen und nannte die Kirchen Französischer Dom und Deutscher Dom. Das sind die beiden gleich aussehenden Gebäude, auf die ihre gerade blickt.

Ihr fragt euch nun vielleicht, wieso sie nicht einfach weiterhin „Kirchen“ hießen? Ob in die Dome Bischöfe eingezogen waren, weil ein Dom normalerweise eine Kirche ist, in der ein Bischof seinen Sitz hat? Hier ist des Rätsels Lösung: Das französische Wort für Kuppel ist „Dôme“. Da König Friedrich der II. die französische Sprache liebte, nannte er die beiden Kirchen wegen ihrer Kuppeln „Dom“. Heute dient nur noch die ursprüngliche Französische Friedrichstadtkirche als Kirche, der Kuppelbau des Französischen Doms und der Deutsche Dom sind Museen.

„Über den Stil der Architektur bemerke ich im allgemeinen, dass ich mich ... den griechischen Formen und Konstruktionsweisen anzuschließen bemühte."
Ich, als K.F. Schinkel verkleidet

Das dritte Gebäude auf dem Gendarmenmarkt, das mit der imposanten Freitreppe und den sechs mächtigen Säulen, ist das Konzerthaus, in dem ihr schöne Konzerte hören könnt. Gebaut hat es ein berühmter Berliner Architekt: **Karl Friedrich Schinkel**. Er hat es in dem Baustil gebaut, der damals, um 1800, modern war: **Klassizismus**. Das Besondere am Baustil des Klassizismus war, dass die Architekten sich von den Formen der **Griechischen Antike** hatten anregen lassen. Die mächtigen Säulen zum Beispiel haben sich die Architekten des Klassizismus ganz klar bei den alten Griechen abgeguckt. Denn die alten Griechen waren nicht nur ziemlich coole Philosophen und Denker, sondern haben auch wunderbare Bauwerke errichtet. Von einem ganz berühmten habt ihr bestimmt schon gehört: der **Akropolis** in Athen.

Ihr könntet euch jetzt überlegen, ob ihr euch mit einem Eis auf die große Freitreppe setzen oder lieber auf den dicken Eisenketten schaukeln wollt. Ich habe allerdings noch zwei andere **Tipps** für euch.  **Tipp 1:** In der Charlottenstraße Ecke Mohrenstraße, das ist an der süd-westlichen Ecke des Gendarmenmarktes, befindet sich **Fassbender + Rausch**, ein herrliches Schokoladengeschäft. Wenn ihr zum Beispiel euren Großeltern ein süßes Souvenir aus Berlin mitbringen möchtet, seid ihr hier genau richtig. Im Restaurant im 1. Stock werden außerdem alle Gerichte mit Schokolade serviert.

Tipp 2: Werdet Schokoladen-Designer! In der Französischen Straße, nord-westlich vom Gendarmenmarkt, könnt ihr bei **Ritter Sport** eure eigene Schokolade erfinden. Zum Beispiel eine Marshmellows/Gummibärchen/Schokolinsen-Schokolade oder eine Krokant/Chili/Cranberry-Schokolade. Es sind locker über 1000 verschiedene Kombinationen möglich! Während ihr auf eure persönliche Schokolade wartet, könntet ihr zum Beispiel dort eine heiße Schokolade trinken (Empfehlung von RCL) oder

euch das Hugenotten-Museum im Französischen Dom ansehen (Empfehlung von Opa Georg).

Und dieser **Extra-Tipp** ist vor allem für eure Mamas: Auf dem Gendarmenmarkt NIE mit dünnen Absätzen gehen! Das Pflaster, so schön es auch aussieht, besteht aus kleinen Steinen mit scharfen Kanten und Ritzen dazwischen, an denen dünne Absätze ganz leicht kaputt gehen können.

Vom Gendarmenmarkt aus schlendere ich über den Bebelplatz bis zum Boulevard Unter den Linden. Dort seht ihr auf der rechten Seite ein merkwürdiges Gebäude mit ulkigen schrägen Kanten. Das ist die Humboldt-Box. Sie steht neben einer gigantischen Baustelle. Hier wird das **Berliner Schloss** wieder aufgebaut, das später fast so aussehen soll, wie vor 200 Jahren. Natürlich wird dort kein König einziehen, sondern das **Humboldt-Forum**. Was das ist? Da habe ich noch einen **Tipp** für euch: In der **Humboldt-Box** wird in einer Multimedia-Schau ganz genau erklärt, was das Humboldt-Forum einmal werden soll. Ich will nur so viel verraten: Ihr werdet dort später ganz viel über fremde Länder und Kulturen erfahren können.

Das Gebäude mit der schönen goldenen Kuppel gegenüber der Baustelle ist der **Berliner Dom**. Mein Ziel für heute ist der Lustgarten. Das ist die Grünfläche vor dem Dom mit super-saftigem, dichten grünen Gras. Ich bin dort mit ein paar Kumpels zum Touristen-Kitzeln verabredet. Die Touristen legen sich nämlich sehr gern auf die Wiese. Für euch Kinder gibt es in der Mitte einen Brunnen, in dem ihr euch im Sommer prima abkühlen könnt. Wir treffen uns morgen wieder – genau hier an der Museumsinsel. Dann nehme ich euch mit zur schönen Nofretete!

Eis schlecken, Stadt entdecken – das mag ich!

Die Museumsinsel

Die **Museumsinsel** ist ein wunderbarer Ort für einen Regentag. In den fünf Museen auf der Museumsinsel gibt es so viel zu entdecken, dass ihr locker einen ganzen Tag oder auch zwei hier verbringen könntet.

Ich gehe am liebsten in das Neue Museum. Dort ist die Ägyptische Sammlung untergebracht und deshalb auch die Büste der schönen Nofretete. Als ich sie das letzte Mal besuchte, hatte sie dort einen Spitzenplatz in der Nordkuppel, von dem aus sie durch mehrere Säle bis in die Südkuppel blicken konnte.

Königin Nofretete lebte vor ungefähr 3.400 Jahren. Sie war die Gemahlin von König Amenophis dem IV., der sich später Pharao Echnaton nannte. Von den Pharaonen habt ihr bestimmt schon gehört, so hießen die Könige im alten Ägypten.

Nofretete war eine ungewöhnlich schöne Frau. Das seht ihr auch an der Nofretete-Büste, die im Neuen Museum ausgestellt ist. Die Skulptur stammt von dem ägyptischen Bildhauer Thutmosis, der sie vor ungefähr 3.400 Jahren, also möglicherweise zu Lebzeiten von Nofretete erschaffen hat. Vielleicht hat Nofretete ihm sogar Modell gestanden! Als ich mit RCL zum

Die Büste der schönen Nofretete

ersten Mal die schöne Nofretete besichtigen ging, war ich schon ziemlich von den Socken. Dass eine 3.400 Jahre alte Skulptur noch so heil war, erschien mir wie ein Wunder. Wie hatte man die Büste überhaupt gefunden? Und wie war sie gerade nach Berlin gekommen? Ich fragte RCL, doch der war genauso ratlos wie ich. Also fragte er seinen Opa Georg, der immer alles über Geschichte und alte Sachen weiß.

„Seit wann interessierst du dich denn für Ausgrabungen?", fragte Opa Georg überrascht. „Naja", druckste RCL herum, denn er konnte ja nicht sagen, dass ICH das wissen wollte, „also, in der Schule nehmen wir in Geschichte gerade Ägypten durch, und da wollte ich …". Schöne Notlüge, dachte ich, doch da fing Opa Georg schon an, zu erzählen. „Seit dem frühen 19. Jahrhundert gab es immer wieder Expeditionen zu einer Ausgrabungsstätte in Ägypten, die sich Tell el-Amarna nannte und zwischen Memphis und Theben, den großen Königstädten im alten Ägypten, am Nil lag. Der Nil ist übrigens mit über 6.600 Kilometern der längste Fluss der Erde. Ausgrabungsexpeditionen waren enorm teuer. Die Archäologen waren deshalb sehr froh, dass James Simon, ein reicher Berliner Baumwollhändler, Kunstsammler und Förderer der Kunst ihnen das Geld für weitere Ausgrabungen zur Verfügung stellte.

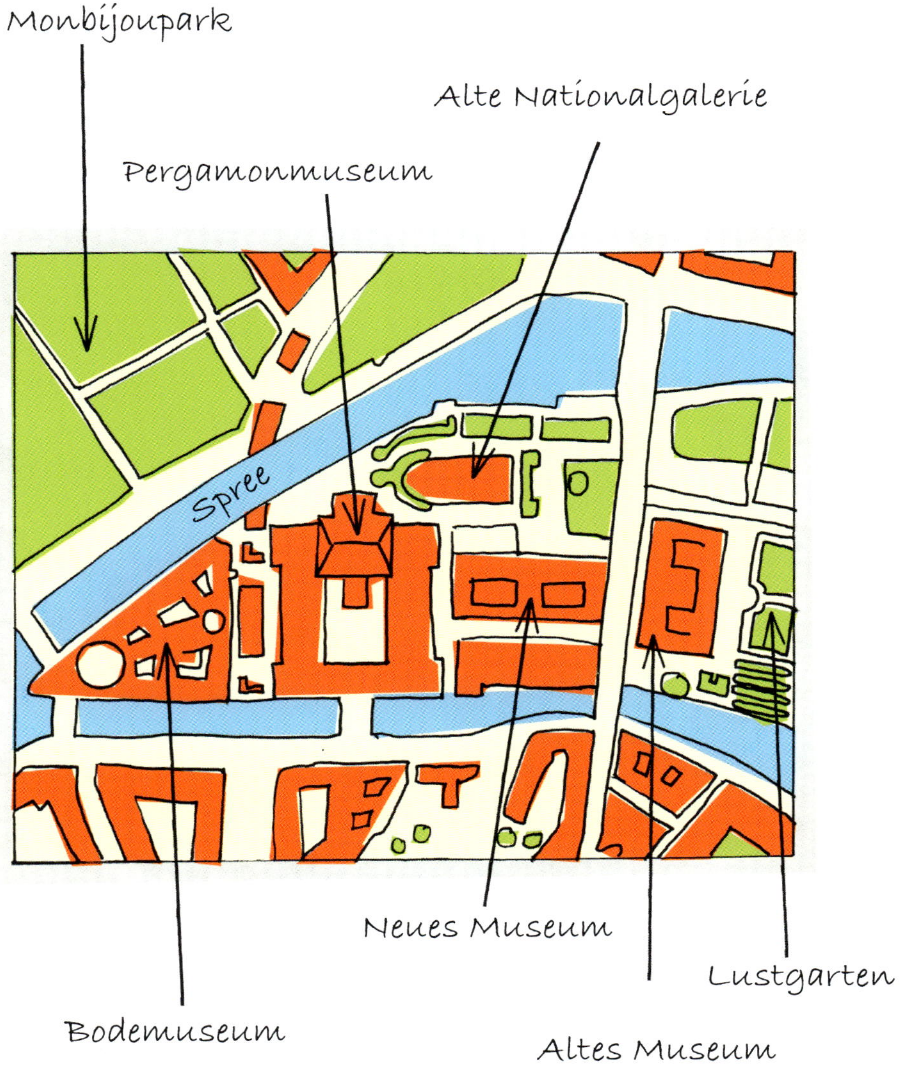

Die Museumsinsel

Im Jahr 1912 grub der deutsche Archäologe **Ludwig Borchardt** in Tell el-Amarna die Büste der Nofretete aus. Dabei machte er noch einen anderen sensationellen Fund: Ein Altarbild, das Echnaton und Nofretete mit – und das war das Besondere – ihren Kindern zeigte. Die Fundstücke mussten nach den damals geltenden Bestimmungen zwischen Ägypten (weil sie dort ausgegraben worden waren) und Deutschland (weil deutsche Archäologen die Fundstücke ausgegraben hatten) zu gleichen Teilen aufgeteilt werden. Nun wurde es spannend. Zuerst durfte Ägypten wählen und entschied sich für das Altarbild. So bekam Deutschland die Büste der Nofretete. Genaugenommen bekam James Simon sie, weil er das Geld für die Ausgrabung zur Verfügung gestellt hatte. Er nahm sie mit in sein Haus, um sie einige Zeit ganz im Stillen zu bewundern. Im Jahr 1924 wurde die Nofretete dann zum ersten Mal öffentlich ausgestellt."

So sahen die Pharaonen aus

James Simon mit der Büste der Nofretete

„Wow!", sagte RCL, „ich dachte immer, **Heinrich Schliemann** hat die Nofretete gefunden." „Oh nein, mein Junge", erwiderte Opa Georg, „Heinrich Schliemann war auch ein berühmter Altertumsforscher, aber seine Expeditionen gingen nicht nach Ägypten. Er hat etwas anderes, ganz Bedeutendes gefunden: Troja und den Schatz des Priamos. Den könnt ihr auch im Neuen Museum ansehen, aber leider nur als Kopie, denn der Original-Schatz ist heute in Russland. Doch jetzt muss ich los, tschüss mein Junge!".

Ja, so war das mit der schönen Nofretete. Jetzt, wo ich euch davon erzählt habe, muss ich RCL doch glatt noch mal nach diesem Heinrich Schliemann fragen!

Wenn ihr zwischendurch mal eine Pause machen möchtet, bevor ihr die anderen Museen der Museumsinsel besucht, ist mein **Tipp**: Hinter dem Bode-Museum ist der **Monbijoupark.** Dort ist ein prima Spielplatz zum Toben und Klettern. Ihr findet da auch ein paar Restaurants, falls ihr Hunger habt. Oder ihr könnt eine **Bootstour** machen. Ganz in der Nähe der Museumsinsel gibt es mehrere Schiffsanlegestellen. Übrigens: Die **Eintrittskarten für die Museumsinsel** könnt ihr natürlich schon vor eurem Besuch online kaufen und so euren Besuch noch besser planen.

Von preußischen Königen und deutschen Kaisern

Bevor wir unseren nächsten Streifzug beginnen, möchte ich euch gern von den Königen und Kaisern erzählen, die früher im Berliner Schloss herrschten. Als ich RCL danach fragte, aßen wir gerade ein Stück Kuchen im **Café im Zeughaus** im Deutschen Historischen Museum. Das ist schräg gegenüber der Baustelle des Berliner Schlosses. „Uhh…," meinte er, „ich glaube, da gab es mal einen König, der hieß Friedrich der Große, und dann noch einen, der hieß Kaiser Wilhelm, und dann, glaube ich, noch einen, den nannten sie den Soldatenkönig, keine Ahnung, warum, und eine Frau kam da auch irgendwie vor, Sophie-Charlotte, aber so richtig weiß ich das auch nicht." Wir beschlossen, wieder Opa Georg zu fragen.

„Also", sagte Opa Georg, als RCL ihn bald darauf besuchte (und ich wie immer in RCLs Jackentasche dabei war), „ganz früher war Berlin eine Stadt in der Mark Brandenburg, die von Kurfürsten regiert wurde. Die Zeit der Könige und Kaiser in Berlin begann, als der letzte Kurfürst nicht mehr nur Kurfürst, sondern König sein wollte. Im Jahr 1701 krönte er sich zum König und nannte sich fortan Friedrich der I. in Preußen." „Ja, aber wie geht denn das?", fragte RCL, „wieso denn jetzt plötzlich Preußen? Hat der Brandenburg einfach umbenannt?“ „Quatsch“, lachte Opa Georg, „das Herzogtum Preußen gab es schon lange. Preußen und Brandenburg bekamen sozusagen nur eine gemeinsame Regierung. Das war alles ziemlich komplizierte Politik. Sophie-Charlotte war übrigens die Ehefrau von König Friedrich dem I. Sie soll nicht nur intelligent und schlau, sondern auch sehr schön gewesen sein!“

Puh, es war ziemlich kompliziert, dieses schöne Kleid ganz ohne fremde Hilfe anzuziehen ...

... und dann habe ich mich auch gleich noch als Langer Kerl verkleidet.

„Nach Friedrich dem I. regierte sein Sohn, König Friedrich-Wilhelm der I. von 1713 bis 1740“, fuhr Opa Georg fort. „Das war der Soldatenkönig. Es war ihm nämlich sehr wichtig, dass Preußen sich immer gut gegen Angreifer verteidigen konnte. Deshalb verdoppelte er die Anzahl der Soldaten. Außerdem suchte er sich besonders große Soldaten aus, die „Langen Kerls“, weil sie besonders gut das damals gebräuchliche Füsiliergewehr bedienen konnten. Sie mussten mindestens sechs Fuß, das heißt 1,88 Meter groß sein.

Dann kam König Friedrich der II., der Sohn des Soldatenkönigs, an die Macht. Das war der Alte Fritz, auch Friedrich der Große genannt, der über 40 Jahre, von 1740 bis 1786 regierte. Er holte die größten Denker und Philosophen an seinen Hof und führte viele Reformen im Sinne der **Aufklärung** durch. Und noch etwas führte er ein: Die Kartoffel! Ohne Friedrich den Großen gäbe es bei uns vielleicht keine Pommes." Opa Georg trank einen Schluck Kaffee.

Na, da hat er den Titel „groß" aber wirklich verdient, dachte ich mir, während RCL schon fragte: „Und wie ging es dann weiter?" Opa Georg kratzte sich am Kopf und dachte kurz nach. „Wir überspringen jetzt ein paar Könige und gehen direkt in das Jahr 1861. In diesem Jahr wurde Wilhelm der I. König. Während er regierte, wurde das Deutsche Reich gegründet, zu dem sich mehrere Staaten zusammengeschlossen hatten. Auch Preußen gehörte zum Deutschen Reich. Weil Preußen im Deutschen Reich sehr mächtig war, wurde Wilhelm der I. im Jahr 1871 im Spiegelsaal des Schlosses von Versailles zum Kaiser des Deutschen Reiches gekrönt. Er war also gleichzeitig König von Preußen und Kaiser des Deutschen Reiches. Der letzte deutsche Kaiser war dann sein Enkel Wilhelm der II., der bis 1918 regierte." Opa Georg schwieg einen Moment.

Bevor ich nach dieser langen Geschichte überhaupt Luft holen konnte, fragte RCL ganz aufgeregt: „Wieso gab es denn ab 1918 keinen Kaiser mehr?“ „Deutschland hatte den Ersten Weltkrieg verloren, der von 1914 bis 1918 dauerte. Danach wollte man keinen Kaiser mehr. Das Deutsche Reich wurde eine Republik. Aber jetzt STOPP! Lass uns ein anderes Mal darüber sprechen, was eine Republik ist.“ Opa Georg griff sich ein paar von den leckeren Keksen, die RCL selbst gebacken und mitgebracht hatte. Ich war darüber ganz froh, denn mir reichte es erst einmal mit den vielen Friedrichs und Wilhelms und Friedrich-Wilhelms und euch bestimmt auch!

„Das Auto hat keine Zukunft, ich setze aufs Pferd.“ Na, da hat sich Kaiser Wilhelm aber gründlich getäuscht!

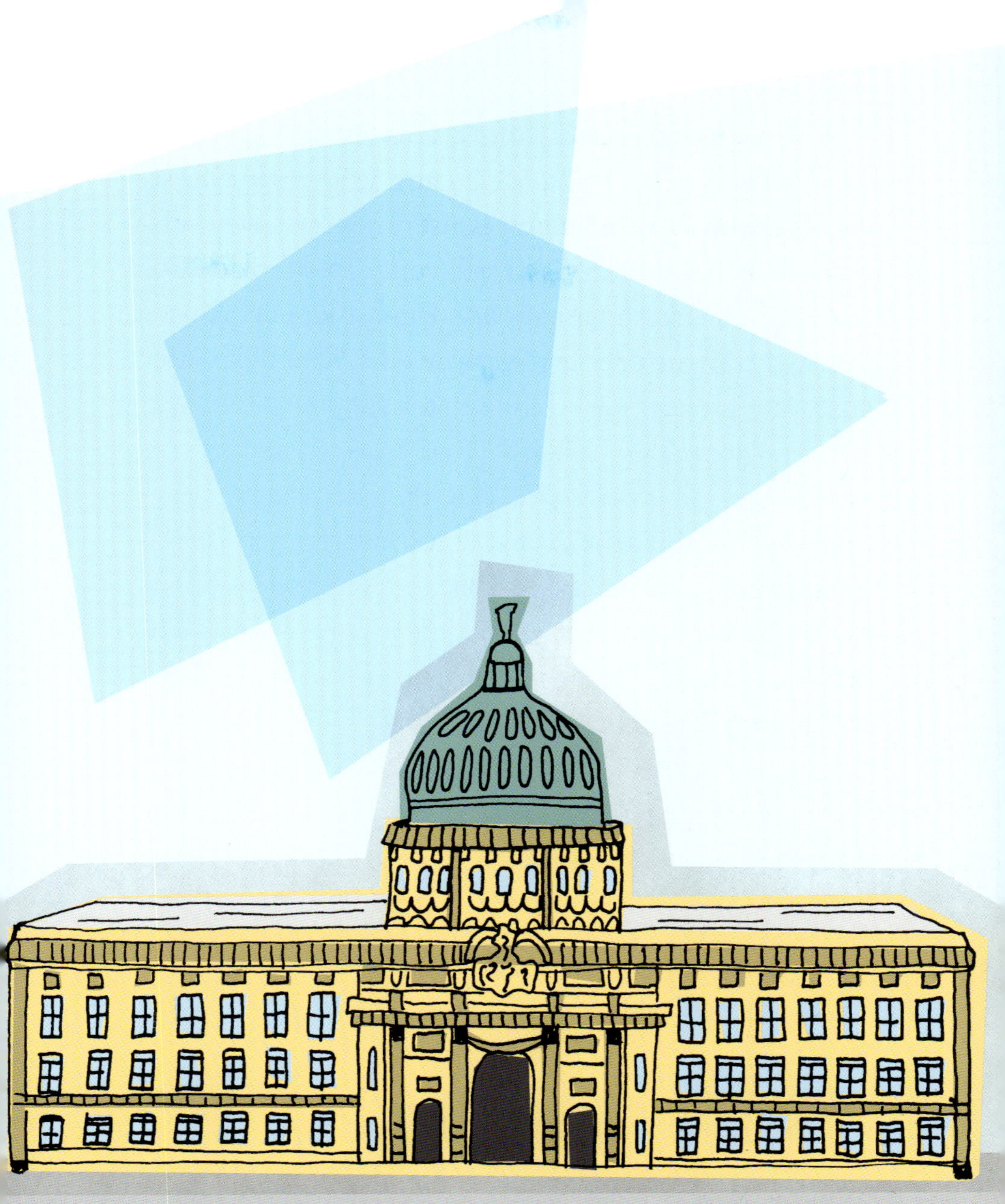

Das Berliner Schloss

Vom Lustgarten zum Tiergarten

So, jetzt geht unser nächster Streifzug wirklich los. Mein **Tipp:** Am besten fahrt ihr mit der Fahrrad-Rikscha. Am Lustgarten gegenüber der Humboldt-Box stehen meistens welche. Ihr könnt so ein **Velo-Taxi** aber auch wie ein normales Taxi bestellen.

Falls ihr mit einer größeren Gruppe unterwegs seid oder das Wetter nicht so toll ist, könnt ihr auch einen Bus der Linie 100 nehmen. Der darf leider nicht durch das Brandenburger Tor fahren, das wir uns heute anschauen wollen. Dafür hält er aber zum Beispiel am **Reichstag** und fährt bis zum Zoo.

Ich finde die Fahrrad-Rikschas so cool. Meistens suche ich mir ein Plätzchen auf dem Dach. Von dort habe ich die schönste Aussicht. Eine Ameise zu sein hat manchmal echte Vorteile! Die Fahrt geht die Straße Unter den Linden entlang, die unmittelbar hinter der Schlossbrücke am Lustgarten beginnt.

Seit 300 Jahren herrscht auf diesem prächtigen Boulevard reger Betrieb. Denn Sophie-Charlotte, die Frau von König Friedrich dem I., hatte sich damals das **Schloss Charlottenburg** bauen lassen. Der direkte Weg vom Berliner Schloss zum Schloss Charlottenburg führte über den Boulevard Unter den Linden. Auch wurden viele öffentliche Gebäude hier errichtet. Natürlich war der Boulevard damals nicht asphaltiert, sondern ein Sandweg. Wer ein Pferd hatte, der ritt, wer keines hatte, ging zu Fuß. Dann gab es noch die Sänftenträger und natürlich Kutschen. Manchmal liefen auch Schweine hier herum!

Soeben sind wir an einem Reiterstandbild vorbeigefahren: Ein Mann auf einem Pferd. Der Mann auf dem Pferd ist Friedrich der II., der Alte Fritz. Auf der rechten Seite seht ihr die im Jahr 1810 gegründete Humboldt-Universität. Ihren Namen hat sie von zwei berühmten Brüdern: Alexander und Wilhelm von Humboldt.

Wilhelm von Humboldt war der ältere der beiden Brüder. Er lebte von 1767 bis 1835. Wilhelm war ein Gelehrter, Diplomat und Staatsbeamter. Er war davon überzeugt, dass Bildung für alle Menschen enorm wichtig sei. Alle Kinder und Jugendlichen sollten zur Schule gehen und studieren können. Das war damals noch nicht selbstverständlich. In nur einem Jahr reformierte, also veränderte er das deutsche Bildungssystem so gut und so gründlich, dass unser Schul- und Universitätssystem bis heute auf seinen Ideen beruht. Hut ab, kann ich da nur sagen. Unter anderem sorgte er dabei für die Gründung der Berliner Universität, die deshalb heute seinen Namen trägt.

Alexander von Humboldt, der jüngere Bruder, der von 1769 bis 1859 lebte, war ein Naturforscher. Er erforschte wirklich alles: Tiere, Pflanzen, Steine, Vulkane, Ozeane, fremde Völker und sogar das Weltall. Ihn interessierte, wie alles miteinander zusammenhing, also

Aufgepasst und zugehört! Sonst lernt ihr nichts! Und jetzt keine Streiche mehr!

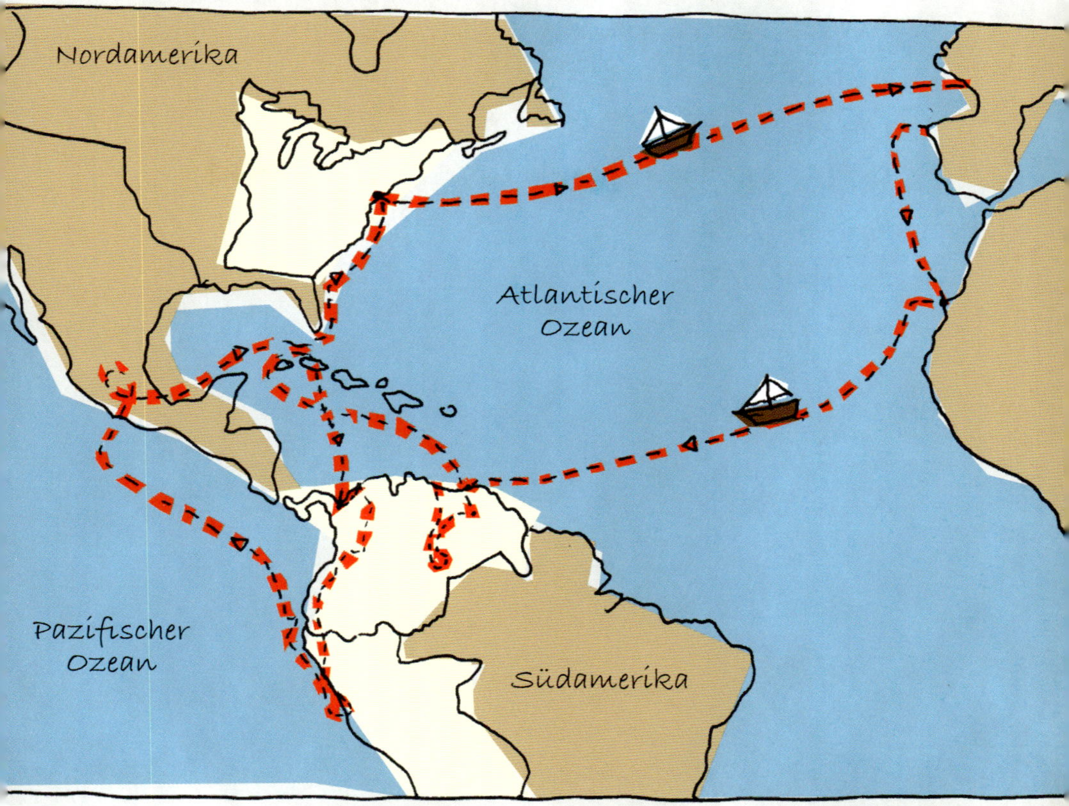

Die Route Alexander von Humboldts bei seiner Forschungsreise nach Süd- und Mittelamerika von 1799 bis 1804

zum Beispiel, warum bestimmte Pflanzen nur im Regenwald wachsen können. Dazu unternahm er lange, beschwerliche und auch gefährliche Forschungsreisen in ferne Länder und war monatelang, ja manchmal jahrelang unterwegs. Er segelte über die Meere und erkundete zu Fuß die fremden Urwälder, Gebirge und Flüsse.

Er konnte sich damals nicht einfach in ein Flugzeug setzen, einen Mietwagen nehmen und bei Problemen per Handy um Hilfe rufen. Das gab es vor 200 Jahren alles noch nicht.

Die Tiere und Pflanzen, die er entdeckt hatte, zeichnete er und schrieb Bücher über seine Forschungen. Die Menschen waren begeistert. Zu seinen Vorträgen in Berlin kamen bis zu 1.000 Zuhörer! Wenn ich damals schon gelebt hätte, wäre ich da bestimmt auch hingegangen.

Wir sind inzwischen langsam bis zum Pariser Platz gerollt. Das ist der Platz, auf dem das Brandenburger Tor steht. Als es 1791 errichtet wurde, war es das vornehmste Stadttor von Berlin. Dahinter war Berlin zu Ende. Könnt ihr euch das vorstellen? Heute fährt man noch ewig durch Berlin, wenn man das Brandenburger Tor hinter sich gelassen hat. Es ist übrigens ebenso wie das Konzerthaus auf dem Gendarmenmarkt im Baustil des Klassizismus gebaut und hat sogar ein echtes Vorbild aus dem antiken Athen: Die **Propyläen** der Athener **Akropolis**.

Der Pariser Platz erhielt seinen Namen im Jahr 1814, nachdem preußische Truppen Paris erobert hatten. Preußische Truppen in Paris? Was wollten die denn

Das Brandenburger Tor ...

... und sein Vorbild: Die Propyläen der Akropolis in Athen

da, werdet ihr jetzt vielleicht fragen. Das hing alles mit Napoleon dem I. zusammen, der von 1804 bis 1814 Kaiser von Frankreich war.

Napoleon wollte unbedingt mehr Macht für Frankreich und führte viele Kriege mit den anderen Ländern Europas. Auch die Preußen blieben nicht verschont. Von 1806 bis 1808 besetzte er sogar Berlin! Er war tatsächlich so frech, die Quadriga, das ist der von vier Pferden gezogene Streitwagen oben auf dem Brandenburger Tor, zu klauen und nach Paris zu bringen. Ihr könnt euch denken, dass den Berlinern das so gar nicht gepasst hat. Sie waren sehr böse auf Napoleon und wollten sich das auf keinen Fall gefallen lassen. Doch Napoleons Glück wendete sich bald. Preußen und viele andere Länder verbündeten sich und kämpften gegen Napoleon und die französischen Soldaten. Im Jahr 1813 verlor Napoleon eine ganz entscheidende Schlacht, die wir heute die Völkerschlacht bei Leipzig nennen. Die siegreichen preußischen Soldaten zogen nach Paris und holten die Quadriga wieder zurück nach Berlin.

Wir fahren mit unserer Rikscha nun die Straße des 17. Juni entlang. Das Gebäude auf der rechten Seite mit der gläsernen Kuppel ist der **Reichstag**. Die Kuppel könnt ihr besichtigen, wenn ihr mögt. Doch wir lassen den Reichstag einfach mal links liegen.

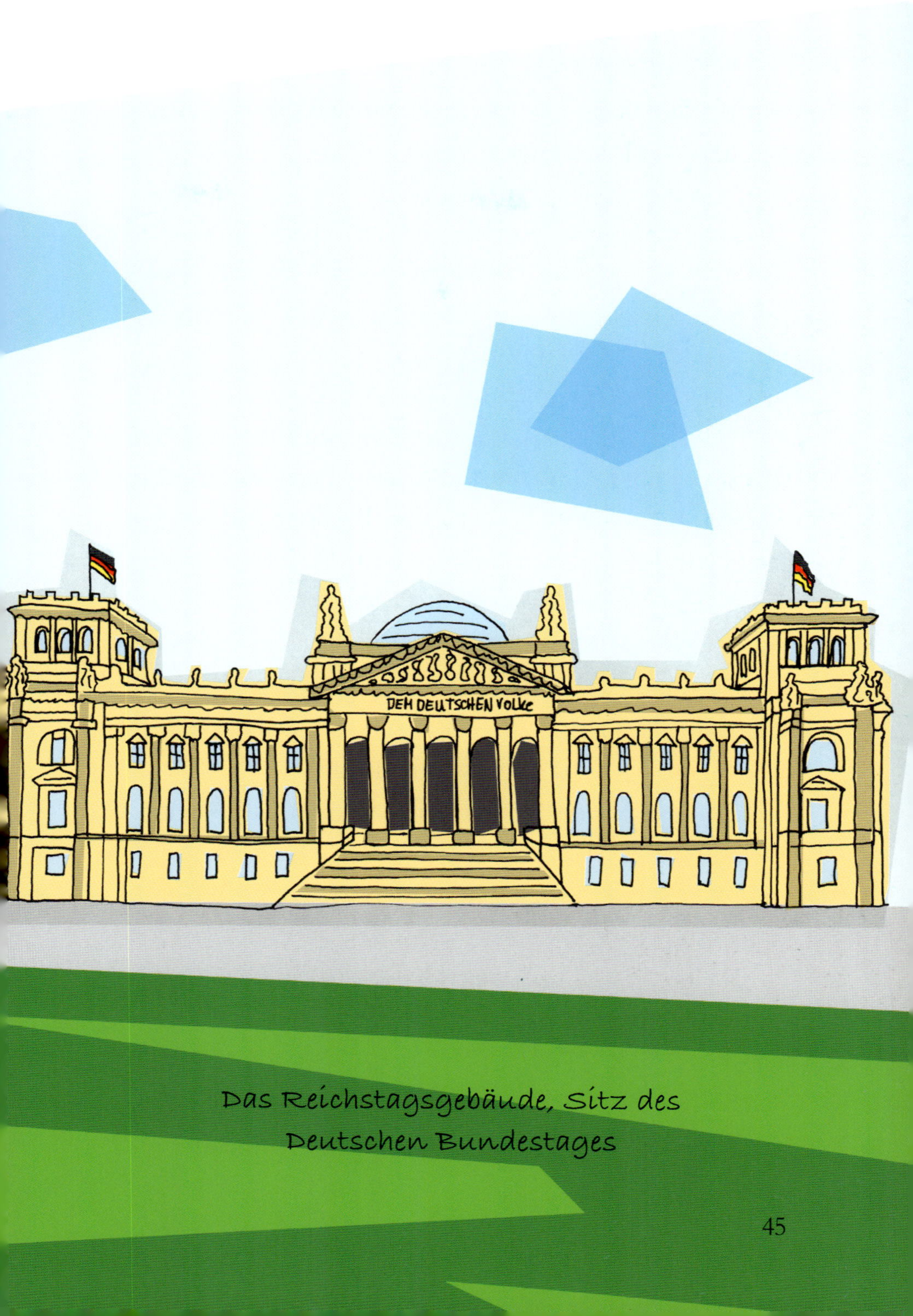

Das Reichstagsgebäude, Sitz des Deutschen Bundestages

Denn unser Ziel für heute ist die Siegessäule am Großen Stern. Die geflügelte Figur auf der Spitze der 67 Meter hohen Säule ist kein Engel, wie ich früher dachte, sondern stellt die Siegesgöttin Viktoria dar. Wir Berliner nennen sie allerdings die Goldelse, weil sie so schön golden glänzt. Dabei ist sie gar nicht aus Gold, sondern aus Bronze.

Hier endet unsere Rikscha-Tour. Ich krabble gern die 285 Stufen zur Aussichtsplattform hoch, komme ein bisschen außer Atem oben an und genieße die Aussicht auf den Tiergarten, den riesigen Park, der früher ein Wald vor der Stadt war und heute mitten in Berlin liegt.

Jetzt kommt mein **Tipp** des Tages: Am Rand des Tiergartens liegt der **Zoo**. Der ist echt riesig. Was meint ihr, wie viele Tiere dort leben? Ende 2012 waren es fast 20.000! Ja, man hat sie tatsächlich alle gezählt. Ständig werden neue kleine Tierbabys geboren. Mein Lieblingstier im Zoo ist das Spitzmaulnashorn, das dort im August 2012 auf die Welt gekommen ist. Es sah wirklich ulkig aus, wie es so herumtapste, obwohl es ja schon bei der Geburt riesig groß war (verglichen mit einer Ameise), und jetzt ist es natürlich noch viel größer!

Falls es ausnahmsweise regnen sollte, könnt ihr ganz im Trockenen die Fische im **Aquarium** bewundern, das zum Zoo gehört. Ich gehe immer zum Ameisentor, zeige meinen Zoo-Ausweis und kann dann einfach hineinkrabbeln. Das Ameisentor braucht ihr aber gar nicht erst zu suchen, denn NUR Ameisen können es finden. Ihr geht bitteschön zum Löwentor oder zum Elefantentor. Noch ein **Tipp** für euch: Tickets für den Zoo und das Aquarium könnt ihr ebenfalls online kaufen, dann braucht ihr am Eingang nicht zu warten. Na tschüss dann, bis morgen!

Das Spitzmaulnashorn-Baby sah so ulkig aus!

Rund um den Potsdamer Platz

Hallöchen auch! Bereit für einen neuen Streifzug? Ich stehe fit wie ein Turnschuh am Potsdamer Platz, voller Tatendrang, nachdem ich von RCL köstliche Brötchenkrümel bekommen habe. Er ist dann ab ins **Legoland**. RCL liebt es und hat mich gebeten, es euch unbedingt als **Tipp** zu empfehlen. Mache ich natürlich gern!

Falls ihr mich sucht – ich stehe neben einem grünen Turm. Genau so ein grüner Verkehrsturm wurde hier im Jahr 1924 aufgestellt. Das war die allererste Verkehrsampel in ganz Europa! Denn in den zwanziger Jahren des letzten Jahrhunderts, so zwischen 1920 und 1930, herrschte auf dem Potsdamer Platz ein unglaubliches Verkehrsgewusel. Jede Menge Autos und dazu noch 26 Straßenbahn- und fünf Buslinien fuhren über den Potsdamer Platz. Da muss es zugegangen sein wie in einem Ameisenhaufen. Mit der Ampel wollte man das Chaos ein bisschen in den Griff bekommen. Überhaupt waren die zwanziger Jahre eine ziemlich wilde, chaotische Zeit, und am Potsdamer Platz ging es besonders wild zu. Die Leute strömten in die Restaurants und Tanzlokale, um sich zu amüsieren. Verrückte Dinge konnte man damals sehen, zum Beispiel Frauen, die als Nackedeis tanzten. Eine Berühmtheit war Josephine Baker, die zum Tanzen manchmal nur ein Röckchen aus Bananen trug.

Das Bananenröckchen steht mir
auch gut, oder?

Wenn ich mich heute hier so umschaue, kann ich mir das gar nicht vorstellen. Fast alle Häuser am Potsdamer Platz sind ziemlich neu, es gibt viele Geschäfte und Büros. Tatsächlich sind auch fast alle Gebäude, die ihr am Potsdamer Platz seht, erst ab 1990 gebaut worden. „Wieso ist hier denn alles so neu? Was ist mit den alten Häusern passiert?", habe ich RCL gefragt, als ich das erste Mal zum Potsdamer Platz kam. RCL murmelte etwas von Krieg und Teilung und Mauer und Wiedervereinigung, konnte mir das aber nicht so richtig erklären. Da Opa Georg gerade durch die Welt reiste, habe ich also in einem Geschichtslexikon nachgeschlagen. Mannomann, zwischen 1920 und 1990 ist wirklich eine Menge passiert. Und der Potsdamer Platz war immer mitten im Geschehen. Das alles zu erklären, dauert jetzt ein bisschen, aber ich muss es euch einfach erzählen.

Wie ihr wisst, gab es seit 1918 keinen Kaiser mehr. Deutschland war quasi über Nacht eine Republik geworden. Das bedeutete: Es mussten ganz neue Regeln geschaffen werden, wie Deutschland nun regiert werden sollte. Weil viele Menschen mit sehr unterschiedlichen Meinungen mitbestimmen wollten, war es sehr schwer, neue Regeln zu verabreden. Ihr könnt euch das vielleicht ungefähr so vorstellen: Wenn euer Lehrer sagt, jetzt ist Rechnen, dann wisst ihr, was zu tun ist, auch wenn ihr gar keine Lust zum Rechnen habt.

Wenn es aber plötzlich so ist, dass ihr in eurer Klasse alle gemeinsam bestimmen sollt, was ihr machen wollt, also zum Beispiel Rechnen, Lesen, Malen, Pause oder Quatsch, dann reden meistens erst einmal alle durcheinander, weil jeder etwas anderes will (ausgenommen vielleicht „Quatsch“, aber selbst Quatsch macht irgendwann keinen Spaß mehr).

So ungefähr war das zu Beginn der Republik. Fortschrittliche Leute hatten die Republik ausgerufen, aber nun gab es viele unterschiedliche Meinungen, wie genau die Republik funktionieren sollte. Es war sehr schwierig, Kompromisse zu finden und Entscheidungen zu treffen. Während die Politiker leidenschaftlich diskutierten, ging es den Menschen in Deutschland immer schlechter. Irgendwann wollten viele endlich wieder einen Bestimmer, weil sie hofften, dass es ihnen dann besser gehen würde. Leider war der Mann, der 1933 Reichskanzler und damit zum Bestimmer in Deutschland wurde, ein fürchterlich schlechter und böser Bestimmer. Er hieß Adolf Hitler, und seine Anhänger nannten sich Nationalsozialisten, kurz Nazis.

Die Menschen, die es wagten, seiner Meinung zu widersprechen, schüchterte er auf ganz gemeine Weise ein und warf sie ins Gefängnis. Wenn ihr mehr darüber erfahren möchtet, könnt ihr euch eine Gedenkstätte ansehen, die ganz in der Nähe des Potsdamer Platzes ist. Sie heißt Topographie des Terrors.

Was er mit den Juden machte, war noch viel schlimmer. Die Juden sind ein Volk mit einem eigenen Glauben, dessen Heimat Palästina war und heute das Land Israel ist. Viele Juden lebten damals in Deutschland. Weil Adolf Hitler die Juden für schlechtere Menschen hielt, hat er sie vertrieben und diejenigen, die nicht schnell genug entkamen oder sich nicht vertreiben lassen wollten, ermordet. Das nennt man Völkermord oder auch Holocaust. Daran erinnert das Denkmal für die ermordeten Juden Europas beim Brandenburger Tor, ebenfalls nicht weit entfernt vom Potsdamer Platz. Es soll uns daran erinnern, dass so ein entsetzliches Verbrechen NIE WIEDER geschehen darf!

Schließlich hat Hitler im Jahr 1939 auch noch den Zweiten Weltkrieg begonnen. Die anderen Länder, vor allem Amerika, Frankreich, Großbritannien und Russland wehrten sich natürlich und kämpften gegen Deutschland. Am 8. Mai 1945 hat Deutschland kapituliert, das heißt offiziell zugegeben, dass es den Krieg verloren hat. Das Ergebnis: Schrecklich viele Menschen waren im Krieg getötet worden. Zum Glück war am Ende auch Adolf Hitler tot, so dass er endlich kein Unheil mehr anrichten konnte.

Als Folge des Krieges lag Berlin, ebenso wie viele andere Städte in Trümmern. Auf dem Potsdamer Platz stand fast kein einziges Haus mehr.

Nachdem Deutschland den Zweiten Weltkrieg verloren hatte, kümmerten sich vor allem vier Staaten darum, wie es mit Deutschland weitergehen sollte: Amerika, Frankreich, Großbritannien und Russland, das damals noch Sowjetunion hieß. Diese vier Staaten nannte man die „Alliierten“. In Berlin regierten diese vier Staaten gemeinsam, jeder in einem bestimmten Teil der Stadt.

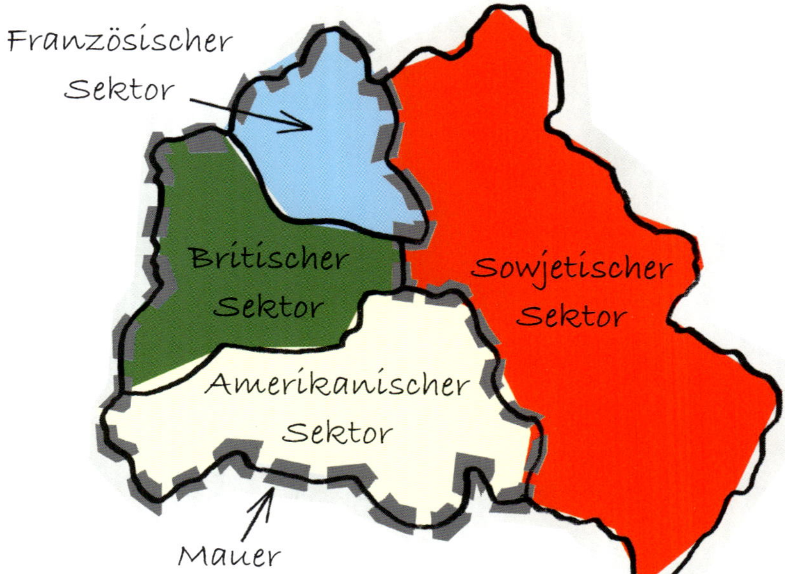

Nach dem 2. Weltkrieg war Berlin in vier Sektoren aufgeteilt.

Es dauerte nicht lange, und Amerika, Frankreich und Großbritannien gerieten in Streit mit der Sowjetunion darüber, welches das beste politische System für Deutschland sei. Das Ergebnis war, dass Deutschland geteilt wurde: In West-Deutschland und Ost-Deutschland. West-Deutschland wurde die Bundesrepublik Deutschland und Ost-Deutschland die Deutsche Demokratische Republik, kurz DDR.

Und jetzt kommts: Berlin wurde ebenfalls geteilt! So blöd können auch nur Erwachsene sein, die sich streiten, finde ich. Berlin wurde in West-Berlin und Ost-Berlin geteilt, getrennt durch einen breiten Grenzstreifen und ab 1961 sogar durch eine hohe Mauer mitten durch die Stadt, genau am Potsdamer Platz vorbei. Deshalb konnte da auch nichts gebaut werden. Zwischen Ost-Berlin und West-Berlin gab es ein paar wenige Grenzübergänge. Einer davon war der **Checkpoint Charlie** an der Friedrichstraße, nicht weit vom Potsdamer Platz entfernt. Stellt euch das mal vor: Ihr geht morgens aus dem Haus, wollt einen Freund oder eure Oma besuchen – und plötzlich steht ihr vor einer Mauer! So erging es den Menschen in Berlin.

40 Jahre, von 1949 bis 1989, war Berlin geteilt. Dann reichte es den Menschen in der DDR. Sie demonstrierten und verlangten die Öffnung der Grenze. Schließlich

Wie geht es wohl meinen Freunden auf der anderen Seite der Mauer? Ob ich sie jemals wiedersehen werde?

musste die Regierung der DDR nachgeben. Am 9. November 1989 wurde die Grenze zwischen Ost- und West-Berlin geöffnet. Am 3. Oktober 1990 wurden die beiden deutschen Staaten wiedervereinigt. Die Grenze, die Berlin geteilt hatte und genau über den Potsdamer Platz verlief, war endgültig beseitigt. Und nun konnte der Potsdamer Platz auch endlich wieder bebaut werden.

Mehr über die Mauer könnt ihr zum Beispiel im Museum am Checkpoint Charlie erfahren. Außerdem hat man zur Erinnerung an die Teilung Berlins an vielen Stellen ein Band aus Steinen in den Straßenbelag eingelassen, um den Verlauf der Mauer sichtbar zu machen. Bitte sucht danach, wenn ihr durch Berlin streift, und schickt mir eure Fotos!

Hier jetzt noch zwei **Tipps** für euch: Ganz in der Nähe des Potsdamer Platzes ist das **Museum für Technik,** wo ihr historische Dampfloks, Flugzeuge, Autos und vieles mehr besichtigen könnt. Falls eure Eltern lieber zum Kulturforum am Potsdamer Platz möchten: Dann bittet sie, in die **Gemäldegalerie** zu gehen. Dort gibt es viele wunderbare Bilder der sogenannten Alten Meister und auch ein absolut lustiges Wimmel-Bild, ähnlich wie in euren Wimmel-Büchern. Der Maler Pieter Bruegel hat es im Jahr 1559 gemalt und in dem Bild sage und schreibe 119 Sprichwörter versteckt!

Mit der U- und S-Bahn kommt ihr prima
durch die ganze Stadt.

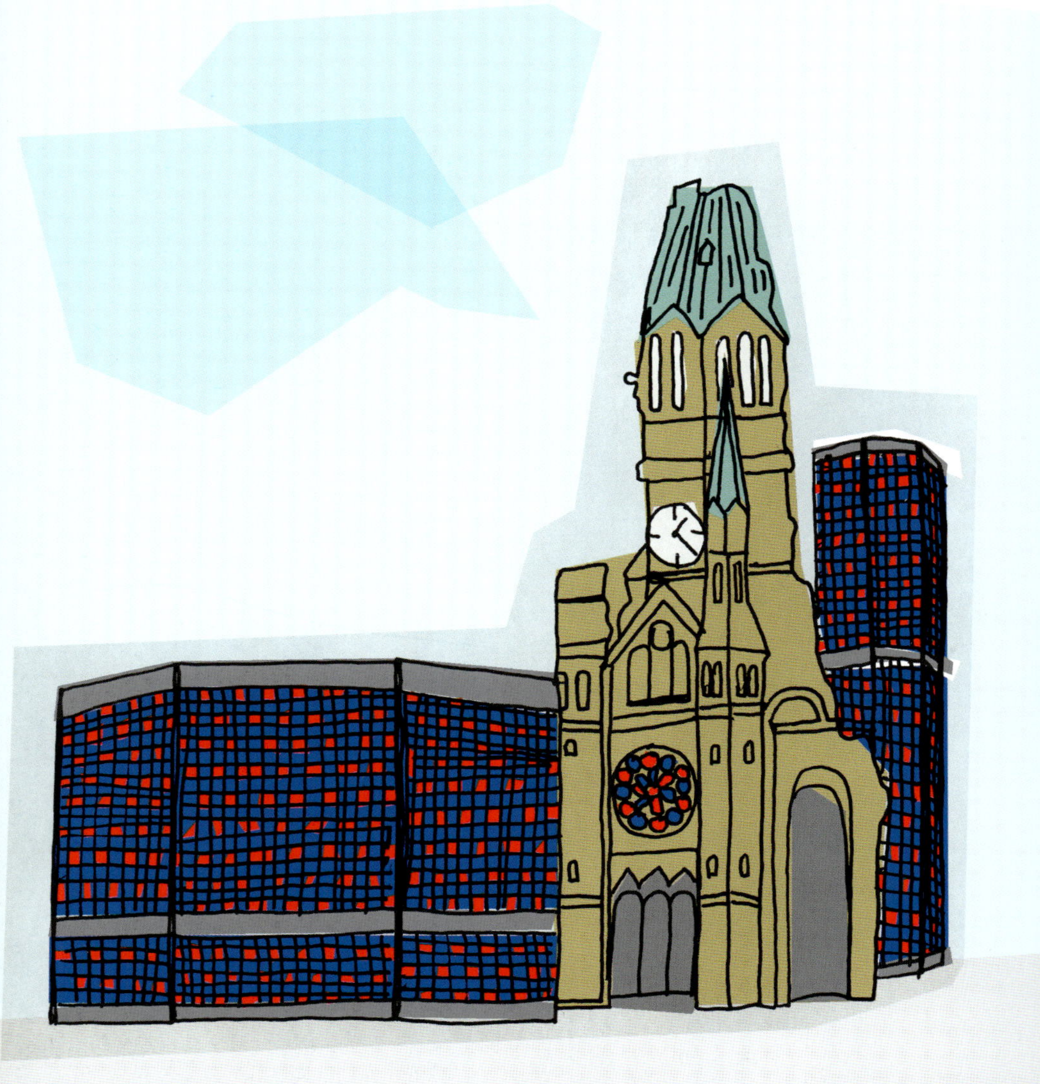

Die Kaiser-Wilhelm-Gedächtniskirche:
Puderdose, hohler Zahn, Lippenstift
(von links nach rechts)

West-Berlin und Ost-Berlin

Guten Morgen, heute begrüße ich euch aus dem früheren West-Berlin, der City West. Das heißt vor allem: Wittenbergplatz, Tauentzien, Kurfürstendamm. Ich bin schon früh mit RCL aufgebrochen, um seine Tante Rosa zu treffen, die aus Hamburg zu Besuch nach Berlin gekommen ist. Wir sind mit der U-Bahn bis zum Wittenbergplatz gefahren und rein ins KaDeWe, das Kaufhaus des Westens. „Das ist immer noch 'ne Wucht", sagt Tante Rosa (ja, genau so hat sie das gesagt und meint damit so etwas Ähnliches wie „das ist voll krass"). Das KaDeWe ist seit 1907 eine Berliner Institution und hat in der Weihnachtszeit die schönste Schaufensterdekoration, die ich kenne!

Vom Wittenbergplatz aus schlendern wir den Tauentzien entlang in Richtung Westen, bis zur Kaiser-Wilhelm-Gedächtniskirche. Die ist ein bisschen speziell. Es gibt sozusagen zwei Versionen: Die alte Kirche von 1895 ist eine Ruine, weil sie im Zweiten Weltkrieg kaputtgeschossen wurde. Wir Berliner nennen sie deshalb „hohler Zahn". Der neuen Kirche von 1961, direkt daneben, haben die Berliner natürlich auch einen Spitznamen gegeben: „Lippenstift" und „Puderdose". Schaut euch die Kirche bitte an! Mich würde wirklich interessieren, ob ihr die Spitznamen passend findet oder ob ihr andere Vorschläge habt. Schreibt mir dazu gern eine E-Mail!

An der Gedächtniskirche beginnt der Kurfürstendamm, den die Berliner Ku'damm nennen. Das ist eine der berühmtesten und beliebtesten Flaniermeilen von Berlin mit vielen Geschäften und Restaurants. Tante Rosa macht uns auf eine weitere Berliner Spezialität aufmerksam: Die Hausnummern. Auf dem Ku'damm und vielen anderen Berliner Straßen sind auf einer Straßenseite zum Beispiel die Hausnummern 1 bis 100, und wenn ihr dann am Ende der Straße an der 100 umkehrt und die Straße auf der anderen Seite zurückgeht, kommen die Hausnummern 101 bis 200. Das muss man wissen, wenn man eine bestimmte Hausnummer finden will. „In Hamburg zum Beispiel ist die Hausnummern-Verteilung ganz anders. Da sind auf einer Straßenseite die geraden Haunummern und auf der anderen Straßenseite die ungeraden Hausnummern", erklärt uns Tante Rosa. „Das ist in Berlin bei einigen Straßen auch so", wendet RCL ein und überlegt, „dann müssen wir also für jede Straße wissen, nach welchem System die Hausnummern vergeben wurden, wenn wir nicht die ganze Straße nach einer Hausnummer absuchen wollen." „Ja, so ist das wohl", erwidert Tante Rosa. Sie zeigt auf ein Straßenschild des Ku'damms. „Aber schaut einmal, meistens steht auf dem Straßenschild unter dem

Oh Mist, wie finde ich jetzt die richtige Hausnummer?

Straßennamen, welche Hausnummern bis zur nächsten Straßenecke kommen."

Im Grunde beschäftigt es uns aber am meisten, wie es war, als Berlin eine geteilte Stadt war und um West-Berlin herum eine Mauer stand. Tante Rosa kann uns dazu viel erzählen, weil sie damals in West-Berlin gelebt hat. „Wenn wir West-Berliner ins Grüne wollten, sind wir in den Grunewald, an den Wannsee oder auf die Pfaueninsel gefahren. Eigentlich hatten wir in West-Berlin alles, was wir brauchten. Aber wenn wir mal von Berlin durch die „Zone“, also durch die DDR, nach West-Deutschland fahren wollten, wurden wir an der Grenze ganz streng kontrolliert. Es gab auch nur wenige Straßen, die wir benutzen durften.“ „Konntet ihr denn gar nicht nach Ost-Deutschland, also zum Beispiel nach Usedom ans Meer fahren?“, fragt RCL in seliger Erinnerung an seine Ferien. „Das war für uns West-Berliner sehr schwierig. Für jede Reise in die DDR brauchten wir ein Visum, also eine besondere Erlaubnis. Wer mehrere Tage in der DDR bleiben wollte, brauchte außerdem noch eine spezielle Einladung. Doch auch die Menschen, die in der DDR lebten, konnten nicht einfach reisen, wohin sie wollten“, antwortet Tante Rosa. „Als Kind bin ich mit meinen Eltern aber häufig mit der U-Bahn von West-Berlin nach Ost-Berlin gefahren. Und das machen wir jetzt auch. Vorher essen wir aber noch eine echte Berliner **Currywurst!**“

Gut gestärkt fahren wir mit der S-Bahn vom Savignyplatz zum Bahnhof Friedrichstraße. „Wenn wir am Bahnhof Friedrichstraße ankamen, mussten wir durch die Grenzkontrolle, dort unseren Ausweis vorlegen und

D-Mark (das war die Währung in der Bundesrepublik, bevor der Euro eingeführt wurde) in Ost-Mark umtauschen. Bei der Ausreise wurden wir in einem Gebäude kontrolliert, das wir „Tränenpalast“ nannten, weil wir uns dort von unseren Ost-Berliner Freunden oder Verwandten verabschieden mussten“, erzählt uns Tante Rosa auf der Fahrt. Sie zeigt uns das Gebäude, das man besichtigen kann. Doch wir möchten gleich weiter in das Zentrum des früheren Ost-Berlins: Zum Alexanderplatz. Dort steht der **Fernsehturm.** Er ist 368 Meter hoch und damit das höchste Bauwerk in Deutschland. In ungefähr 200 Metern Höhe ist eine große, stahlgraue Kugel. „Zur Fußballweltmeisterschaft 2006 war sie wie ein Fußball verkleidet“, flüstert RCL mir kichernd zu. „Das sah voll krass aus“. Zu Hause zeigt mir RCL später ein Foto, und ich kann ihm nur aus vollem Herzen zustimmen!

Die Attraktion für uns und mein **Tipp** für euch ist das **Restaurant in der Kugel des Fernsehturms**: ES DREHT SICH! So könnt ihr gemütlich etwas essen oder trinken und dabei ganz bequem die ganze Stadt sehen. Zur Feier ihres Besuches lädt Tante Rosa RCL (und damit praktisch auch mich) in das Turmrestaurant ein. Zum Glück ist es nicht so voll, wir finden sogar einen Tisch am Fenster. Trotzdem mein **Tipp:** Die Tickets für den Fernsehturm und einen Tisch könnt ihr online reservieren.

Von oben entdecken wir den Berliner Dom, die Schlossbaustelle, das Brandenburger Tor, den Tiergarten und die Goldelse. Ganz dicht unter uns sind zwei Gebäude aus roten Steinen: das Rote Rathaus, in dem der Bürgermeister regiert und deshalb Regierender Bürgermeister heißt, und die **Marienkirche**.

Das Turmrestaurant hat sich unterdessen weiter gedreht, und kurz darauf sehen wir nicht weit entfernt den Volkspark Friedrichshain, in dem es viele Spielplätze und einen großen Biergarten gibt. „Wie bunt und lebendig die Stadt von oben aussieht“, freut sich Tante Rosa. „Früher, als ich als Kind nach Ost-Berlin

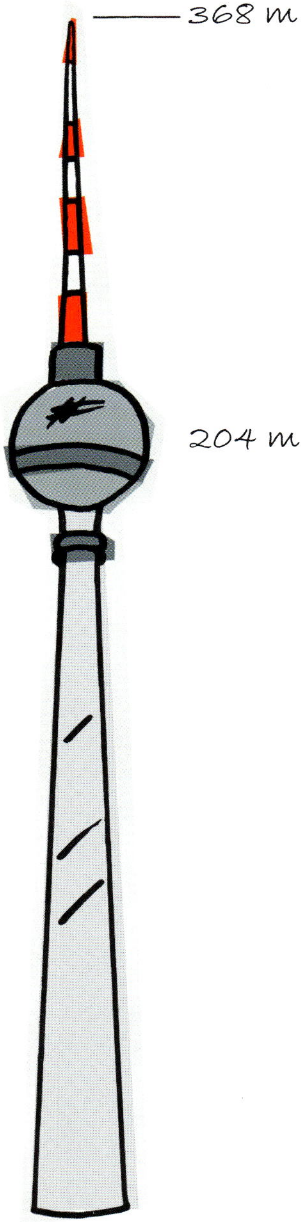

Der Fernsehturm

kam, waren die Häuser grau. Es sah ganz trist und traurig aus. Das hat sich jetzt zum Glück alles verändert! Schau mal, da unten, nur eine S-Bahnstation vom Alexanderplatz entfernt, ist der Hackesche Markt. Den besuchen wir morgen." Damit bin ich sehr einverstanden, denn vom vielen Herumfahren bin ich ganz müde geworden und freue mich, dass ich auf dem Heimweg in RCLs Jackentasche ein schönes Nickerchen machen kann.

Mit diesem Modell aus meiner neuen
Kollektion bin ich schon sehr zufrieden –
wie gefällt es euch?

Künstler und Kreative

Wisst ihr, was ich an Berlin so ganz besonders cool finde? Außer den vielen Museen, dem Zoo und all den anderen Dingen, von denen ich euch schon erzählt habe? Die vielen Künstler und kreativen Menschen, die aus aller Welt nach Berlin gekommen sind, um hier zu leben und zu arbeiten. Maler, Fotographen, Musiker, Modedesigner, Möbeldesigner, Webdesigner, Filmproduzenten, Schriftsteller und solche Leute, die die Stadt mit ihren schrägen Ideen so lebendig und bunt machen. Stellt euch vor: Allein rund 6000 Künstler und über 600 Modedesigner leben in Berlin! Das ist übrigens auch der Grund, warum Tante Rosa uns besucht. Sie betreibt in Hamburg einen schicken Laden für Bekleidung und möchte sich in den nächsten Tagen bei den Berliner Modedesignern umsehen.

Künstler machen Kunst, und die hängt in Museen. Könnte man meinen, stimmt aber nur zum Teil. Nicht alle Künstler können ihre Kunst in Museen zeigen, so groß können Museen gar nicht sein. Manchmal suchen sich Künstler selbst andere Orte für ihre Kunst. Ein ganz berühmter anderer Ort und mein **Tipp** für euch ist die **East Side Gallery**. Sie ist wirklich eine Besonderheit. Dort haben 118 Künstler aus 21 Ländern direkt nach der Öffnung der Mauer die Mauer bemalt.

Natürlich war das streng genommen nicht erlaubt. Doch Künstler dürfen manchmal, wenn es um Kunst geht, Sachen machen, die eigentlich verboten sind.

Außerdem leben die Künstler davon, dass sie ihre Werke verkaufen. Das war schon immer so, auch vor 400 Jahren, als Leonardo da Vinci lebte, der die schöne Mona Lisa gemalt hat. Museen sind nun aber nur dazu da, um Kunst zu zeigen, jedoch nicht, um sie zu verkaufen. Bilder werden heutzutage meistens über Galerien verkauft. Rund um den Hackeschen Markt gibt es viele solcher Galerien. Vielleicht findet ihr das voll langweilig. Aber, ehrlich gesagt, ganz oft sind das total verrückte Sachen, die sich die Künstler ausdenken. Da könnt ihr euch für den Kunstunterricht in der Schule bestimmt etwas abgucken! Deshalb: Wenn ihr nach Berlin reist und eure Eltern sich zum Beispiel unbedingt die Galerien in der Auguststraße und der Linienstraße anschauen wollen, dann spielt einfach mit auf der Suche nach dem schrägsten, abgefahrensten Kunstwerk und malt das hinterher in dieses Buch. Oder macht ein Foto und schickt es mir.

In die Gegend der Designer kommt ihr, wenn ihr vom Hackeschen Markt Richtung Rosenthaler Platz geht, durch die Veteranenstraße und die Kastanienallee und dort, zwischen Berlin-Mitte und Prenzlauer Berg, ein bisschen herumstromert. Das machen wir auch mit Tante Rosa. In dieser Gegend stehen viele schöne Alt-Berliner Mietshäuser. An fast jeder Ecke ist ein nettes Café. Und natürlich – mein **Tipp** für euch! – ist auch hier wieder ein Park mit einem schönen Spielplatz, der **Volkspark am Weinbergsweg**. Ich muss ja mal sagen, verglichen zum Beispiel mit London ist Berlin eine echte Spielplatzstadt. Weil schönes Wetter ist, verbummeln wir hier gemütlich den restlichen Tag.

Hihi, dieses Mauer-Stück ist für mein Graffiti doch bestens geeignet.

Friedrich der II. spielte leidenschaftlich gern Querflöte, deshalb versuche ich auch mein Glück.

Das Schloss Sanssouci

Als ich mit RCL in Paris war, haben wir dort das prachtvolle Schloss von Versailles besucht. WOW, was für ein Schloss, dachte ich, als ich davor stand. Deshalb habe ich überlegt, was ich den Schlösserfans unter euch in Berlin bieten kann. Ganz klar: Das Schloss Sanssouci in Potsdam, gleich vor den Toren Berlins. Es ist SEHR sehenswert!

„Sanssouci" ist ein französisches Wort und heißt „ohne Sorgen". Das Schloss Sanssouci war das Sommerschloss der preußischen Könige. Im Jahr 1744 ließ Friedrich der II. (ihr erinnert euch, das war der Alte Fritz) an einem Ort, den man den „Wüsten Berg" nannte, zuerst einen Weinberg errichten und anschließend das Schloss. Für ein Schloss ist es ziemlich klein, das eigentliche Schloss Sanssouci hat nur zwölf Zimmer. Davon waren fünf Zimmer für Gäste. Ein berühmter französischer Denker und Philosoph der **Aufklärung**, **Voltaire**, war häufig zu Gast in Sanssouci. Natürlich sprach Friedrich der II. französisch, denn zu dieser Zeit war Frankreich Vorbild für viele andere Staaten in Europa. Es galt als gebildet und elegant, französisch zu sprechen. Friedrich der II. war außerdem sehr musikalisch und gab im Musikzimmer in Sanssouci oft Flötenkonzerte.

Das Schloss ist – logo, könnt ihr euch denken – in dem Baustil gebaut, der damals, im Jahr 1744, Mode war: Im Stil des **Rokoko**. Um das Rokoko zu beschreiben, stelle ich mir immer folgendes vor: Wenn der **Barock-Stil** wie ein großer Bruder ist, der sich ernst und wichtig nimmt, dann ist der Rokoko-Stil wie die kleine, etwas zartere, verspielte Schwester.

Natürlich blieb es dann doch nicht bei dem Weinberg und dem nach königlichen Maßstäben recht bescheidenen Schloss. Über die Jahre bauten sich Friedrich der II. und die folgenden Könige ein ganzes Sommerresort, das Glanz und Macht ausstrahlen und die Gäste unterhalten sollte: Die Neptun-Grotte, eine Bildergalerie, das Chinesische Teehaus, das Drachenhaus und der Belvedere schmückten den Park. Wohnen konnten die Gäste in den Neuen Kammern und dem noch prachtvolleren Neuen Palais. Alle Gebäude liegen in einem herrlichen Park. Hier geht ihr nicht einfach spazieren, hier lustwandelt ihr!

Nachdem ihr ausgiebig durch den Park gelustwandelt seid, könnt ihr eure Eltern vielleicht überreden, den **Filmpark Babelsberg** zu besuchen. Das ist jetzt

vor allem ein **Tipp** für die Filmfans unter euch. Da werden jede Menge richtig großer Filme und Fernseh-Serien gedreht. Als Besucher kann man hinter die

Der Park Sanssouci

Kulissen blicken, einen Film im 4D-Actionkino anschauen oder die ziemlich aufregende Stuntshow besuchen. Tickets und Informationen zum Programm gibt es natürlich online.

Nach so einem Tag im Grünen bin ich immer ganz erledigt und schlummere glücklich in meinem eigenen kleinen Ferienschloss – in meiner Schachtel in RCLs Jackentasche!

Du bist so wunderbar, Berlin!

Im Radio habe ich einen Werbespruch für ein Berliner Bier gehört: Du bist so wunderbar, Berlin! Das stimmt, finde ich. Jeder kann hier so sein, wie er ist. Für jeden Geschmack hält Berlin etwas bereit. Ich hoffe, ihr habt in diesem Buch auch irgendetwas gefunden, dass euch besonders neugierig gemacht hat. Doch wundert euch nicht – ständig verändert sich Berlin. Solltet ihr also nach Berlin reisen und dort etwas entdecken, über das ich nichts erzählt habe, aber das ihr so richtig super gut, unglaublich spannend oder auch echt blöd findet: Schreibt mir bitte eine E-Mail!

Und falls ihr in Berlin herumspaziert und euch eine kleine Ameise über den Weg läuft, denkt daran: NICHT DRAUFTRETEN UND NICHT WEGSCHNIPSEN! Denn das könnte ja ich sein,

Eure Emse

Hier sind einige Fotos aus Berlin für euch

Diese Giraffe steht vor dem Legoland am Potsdamer Platz

Holocaust-Mahnmal

Französischer Dom

Dieser Löwe bewacht das Konzerthaus

Im Sony-Center am Potsdamer Platz

Kunst auf einem Stück der Berliner Mauer

Ein alter Wachturm

Die erste Verkehrsampel am Potsdamer Platz

Berliner Dom und Fernsehturm

Mode in Berlin

Im Zoo

ie Neue Nationalgalerie
am Kulturforum

Brandenburger Tor
beim Festival of Lights

Manchmal fährt die
U-Bahn oberirdisch

Tipps und Informationen für euch

Bootstouren in Berlin
Informationen und Tickets gibt es im Internet unter anderem hier:
https://buchung.sternundkreis.de/de/Unsere-Touren/Innenstadt/K110.htm
http://www.reedereiwinkler.de/de/citytouren
http://www.reederei-riedel.de/

Café im Zeughaus
im Deutschen Historischen Museum,
Unter den Linden 2, 10117 Berlin
http://www.koflerkompanie.com/de/restaurants_cafedhm.html

Informationen zum Deutschen Historischen Museum findet ihr im Internet unter www.dhm.de

Currywurst
Currywurst könnt ihr zum Beispiel hier essen:

Für City-West-Bummler:
Bier's Kudamm 195, Kurfürstendamm 195,
10707 Berlin, U-Bahnstation Uhlandstraße

Für Kreuzberg-Bummler:
Bergmann Curry, Bergmannstraße 88, 10961 Berlin
U-Bahnstation Gneisenaustraße,
http://www.bergmann-curry.de/
Curry 36, Mehringdamm 36, 10961 Berlin,
U-Bahnstation Mehringdamm

East Side Gallery
Mühlenstraße, zwischen Oberbaumbrücke und Ostbahnhof, 10243 Berlin, U+S-Bahnstation Warschauer Straße
Informationen zur East Side Gallery findet ihr im Internet unter http://www.eastsidegallery-berlin.de/

Fassbender + Rausch
Charlottenstraße 60, 10117 Berlin,
U-Bahnstation Stadtmitte
http://www.fassbender-rausch.de/

Fernsehturm am Alexanderplatz und Restaurant im Fernsehturm
Alexanderplatz, 10178 Berlin,
U+S-Bahnstation Alexanderplatz
Informationen und Tickets gibt es im Internet unter http://www.tv-turm.de/de/besuch-planen.php

Filmpark Babelsberg
Besuchereingang: Großbeerenstraße 200,
14482 Potsdam-Babelsberg
Informationen und Tickets gibt es im Internet
unter http://www.filmpark-babelsberg.de/

Gemäldegalerie
Besuchereingang: Matthäikirchplatz, 10785 Berlin,
Buslinie 200, Haltestelle Philharmonie
oder Tiergartenstraße
Informationen und Tickets gibt es im Internet
unter http://www.smb.museum/museen-und-einrichtungen/gemaeldegalerie/home.html
http://www.berlin.de/orte/museum/gemaeldegalerie/

Humboldt-Box
Schlossplatz 5, 10178 Berlin, Buslinien 100 und 200,
Haltestelle Lustgarten
Informationen und Tickets gibt es im Internet
unter http://www.humboldt-box.com/

Legoland
LEGOLAND® Discovery Centre Berlin,
Potsdamer Straße 4, 10785 Berlin,
U+S-Bahnstation Potsdamer Platz
http://www.legolanddiscoverycentre.de/berlin/

Märkisches Museum
Am Köllnischen Park 5, 10179 Berlin, U-Bahnstation Märkisches Museum, U+S-Bahnstation Jannowitzbrücke
http://www.stadtmuseum.de/maerkisches-museum-0
http://www.berlin.de/orte/sehenswuerdigkeiten/maerkisches-museum/

Monbijoupark
Eingang von der Monbijoubrücke beim Bode-Museum oder vom Monbijouplatz, 10178 Berlin, S-Bahnstation Hackescher Markt, U+S-Bahnstation Friedrichstraße
http://www.stadtentwicklung.berlin.de/umwelt/stadtgruen/gruenanlagen/de/gruenanlagen_plaetze/mitte/monbijoupark/index.shtml

Museum für Technik
Trebbiner Straße 9, 10963 Berlin, U-Bahnstation Gleisdreieck
Informationen zum Museum für Technik findet ihr im Internet unter http://sdtb.de/Startseite.63.0.html

Museumsinsel
Bodestraße, 10178 Berlin, S-Bahnstation Hackescher Markt, U+S-Bahnstation Friedrichstraße, Buslinien 100 und 200, Haltestelle Lustgarten
http://www.berlin.de/orte/sehenswuerdigkeiten/museumsinsel/

Ritter Sport Bunte Schokowelt
Französische Straße 24, 10117 Berlin, U-Bahnstation Französische Straße
http://ritter-sport.de/#/de_DE/berlin/

Velo-Taxi
Information und Vorbestellung: http://www.velotaxi.de/de/home/velotaxi-fahren/fahrpreise.html

Volkspark am Weinbergsweg
Weinbergsweg, 10119 Berlin, U-Bahnstation Rosenthaler Platz

Zoo, Aquarium

Eingang Zoo: Hardenbergplatz 8, 10787 Berlin,
U+S-Bahn, Buslinien 100 und 200, Haltestelle Zoologischer Garten
Informationen und Tickets gibt es unter anderem hier: http://www.zoo-berlin.de/zoo.html
Eingang Aquarium: Budapester Straße 32,
10787 Berlin, U+S-Bahnstation Zoologischer Garten,
Buslinie 200, Haltestelle Breitscheidplatz
Informationen und Tickets findet ihr unter anderem hier: http://www.aquarium-berlin.de/aquarium.html

Und das könnte euch auch interessieren

Akropolis und Propyläen

Die Akropolis, zwischen 467 und 406 vor Christus errichtet, war die berühmteste Stadtfestung im antiken Griechenland. Sie liegt im Zentrum von Athen, der Hauptstadt Griechenlands. Die Propyläen bildeten den prächtigen Eingang zum heiligen Bezirk der Akropolis. Zu ihr gehören ferner vor allem der Parthenon-Tempel (für die Göttin Pallas Athene), der Erechtheion-Tempel (für verschiedene Götter und mystische Helden) und der Nike-Tempel (für die Siegesgöttin Nike).

Aufklärung

nennt man das Zeitalter im 17. und 18. Jahrhundert, das den Absolutismus ablöste. Die Grundidee war, nichts als gegeben hinzunehmen, sondern alles mit Vernunft und Verstand zu hinterfragen. Wissen galt als Macht, deshalb wurden Bildung und Forschung sehr wichtig. Die Vordenker der Aufklärung kämpften für Freiheit, Gleichheit und Toleranz gegenüber allen Religionen, die es in der Ständegesellschaft des Absolutismus nicht gab.

Barock

nennt man den Kunst- und Architekturstil im 16. und 17. Jahrhundert. Er zeichnet sich durch üppige, prunkvolle, pompös geschwungene Formen und Verzierungen aus.

Berliner Dom

Der Berliner Dom ist die größte Kirche Berlins. Obwohl er ziemlich alt aussieht und Formen der Renaissance (Kunst- und Architekturstil des 15. und 16. Jahrhunderts) und des Barock verwendet, ist er in seiner heutigen Form erst zwischen 1894 und 1905 gebaut worden.

Berliner Schloss und Humboldt-Forum

Das Berliner Schloss wurde 1443 auf der Spreeinsel Alt-Cölln (heute Berlin-Mitte) errichtet und war bis 1918 Residenzschloss der preußischen Könige und deutschen Kaiser. Es wurde im Zweiten Weltkrieg beschädigt und 1950 gesprengt. Zwischen 1973 und 2006 stand hier der Palast der Republik, der bis 1990 als Sitz der Volkskammer der DDR diente. Seit 2013 wird das Schloss wiederaufgebaut und soll als Humboldt-Forum ein Kulturzentrum und Museum für die Kunst und Kulturen Asiens, Afrikas, Amerikas, Australiens und Ozeaniens werden.

Checkpoint Charlie

war von 1961 bis 1990 einer der bekanntesten Grenzübergänge zwischen Ost- und West-Berlin und zugleich zwischen dem sowjetischen und dem amerikanischen Sektor. Er war einer der drei von den Amerikanern genutzten Grenzübergänge und trägt seinen Namen „Charlie“ nach dem dritten Buchstaben des internationalen Buchstabieralphabetes (die beiden anderen Grenzübergänge hießen „Alpha“ und „Bravo“).

Fassbrause

ist eine ursprünglich im Jahr 1908 in Berlin entwickelte Apfel-Limonade. Das Original-Rezept enthielt Wasser, Malz und ein natürliches Konzentrat aus Äpfeln und Süßholzwurzeln.

Griechische Antike

nennt man das Zeitalter in Griechenland, das ungefähr im Jahr 700 vor Christus begann und bis 146 vor Christus dauerte, als Griechenland seine Unabhängigkeit verlor und eine römische Provinz wurde.

Heinrich Schliemann, Troja und der Schatz des Priamos

Heinrich Schliemann (1822–1890) war ein erfolgreicher Kaufmann, bevor er Altertumsforscher wurde. Er forschte vor allem in Griechenland und Kleinasien und entdeckte dort die antike Stadt Troja und 1873 den Schatz des Priamos, nach der griechischen Sage der letzte König von Troja.

Johann Crüger
(1598–1662) war Komponist und seit 1622 Kantor an der Nikolaikirche. Dort schuf er gemeinsam mit Paul Gerhardt viele Kirchenlieder, von denen wir einige immer noch singen, zum Beispiel „Wie soll ich dich empfangen“ und „Ich steh’ an deiner Krippen hier“.

Karl Friedrich Schinkel
(1781–1841) war ein preußischer Architekt, Stadtplaner, Maler, Graphiker und Bühnenbildner. Er prägte den Baustil des Klassizismus. Außer dem Konzerthaus baute er in Berlin unter anderem das Alte Museum auf der Museumsinsel, die Schlossbrücke und die Neue Wache (zwischen dem Deutschen Historischen Museum und der Humboldt-Universität).

Klassizismus
nennt man den Kunst- und Architekturstil im 18. und frühen 19. Jahrhundert. Er löste den Barock und das Rokoko ab und orientierte sich an antiken griechischen und römischen Vorbildern und Stilelementen. Im Gegensatz zum Barock sind die Formen des Klassizismus schlicht und geradlinig.

Ludwig Borchardt
(1868–1938) war Ägyptologe und Architekt. Er leitete das 1907 gegründete Kaiserlich-Deutsche Institut für ägyptische Altertumskunde und leitete zahlreiche Ausgrabungen.

Marienkirche
Die Marienkirche ist fast so alt wie die Nikolaikirche. 1292 wurde sie zum ersten Mal in einer Urkunde erwähnt. Sie ist als gotische Hallenkirche erbaut und dient auch heute noch als Kirche.

Mittelalter
nennt man heute das Zeitalter ungefähr zwischen dem 6. und dem 15. Jahrhundert. Die Zeit vor dem Mittelalter nennt man Altertum, die Zeit nach dem Mittelalter Neuzeit.

Musikautomat
nennt man ein Musikinstrument, das mechanisch, also ohne einen Interpreten, Musik erzeugt. Musikautomaten gab es schon vor mehr als 2000 Jahren. Sie können ganz kleine Spieluhren sein oder so groß wie Kleiderschränke.

Paul Gerhardt
(1607–1676) war ein evangelischer Theologe und von 1657 bis 1667 Pfarrer an der Nikolaikirche. Er war ein sehr bedeutender Dichter von Kirchenliedern.

Reichstag
Das Reichstagsgebäude wurde zwischen 1884 und 1894 für den Reichstag des Deutschen Kaiserreiches erbaut. 1918 rief der SPD-Politiker Philipp Scheidemann hier die Republik aus. Seit 1999 ist der Reichstag der Sitz des Deutschen Bundestages.

Rokoko
nennt man den Bau- und Dekorationsstil, der sich in der ersten Hälfte des 18. Jahrhunderts aus dem Barock entwickelte und sich durch leichte, elegante, asymmetrische Formen auszeichnete.

Schiller-Denkmal
Das Schiller-Denkmal auf dem Gendarmenmarkt wurde 1871 zum Gedenken an den großen deutschen Dichter Friedrich Schiller (1759–1805) enthüllt.

Schloss Charlottenburg
Zwischen 1695 und 1699 ließ Sophie-Charlotte, die Gemahlin von Friedrich dem I., Schloss Charlottenburg als Sommerresidenz errichten. Bis 1747 wurde es erweitert und umgestaltet und 1824 um den von Schinkel errichteten Neuen Pavillon ergänzt. So verbindet es Elemente des Barock, Rokoko und des Klassizismus. Heute kann man die prachtvolle Anlage, in der sich auch bedeutende Kunstsammlungen befinden, besichtigen.

Voltaire
(1694–1778) war ein französischer Schriftsteller und Philosoph, der mit seinen Schriften das Zeitalter der Aufklärung in Europa wesentlich beeinflusste.

Hier ist Platz für eure Notizen

Dank
an unsere kritischen Testleser Sophie, Alexander und Chawakorn, an Lutz und Stefan für Ansporn, Unterstützung und kritische Fragen, an Antje Stock, Ulla und Petra für viele Hinweise und Anregungen, an Christian Rothmann und Werner Ehmann für wertvolle Ratschläge und Opa Georg, den es wirklich gab und der jetzt durch die Wolken reist.